AF244597

ORAISON FUNÈBRE

POLITIQUE

DE M. GAMBETTA

DICTATEUR-GÉNÉRALISSIME

ET DE

SES DIGNES COLLÈGUES DE LA DÉLÉGATION DÉCHUE.

PAR EDMOND DE ROQUEFEUIL.

Prix : Un franc.

SE VEND au profit des Volontaires de l'Ouest, et particulièrement des familles pauvres de ceux d'entre eux qui ont été tués ou grièvement blessés aux glorieux combats d'Orléans, de Brou, de Beaune-la-Rolande, de Patay et du Mans.

VANNES

IMPRIMERIE DE L. GALLES, RUE DE LA PRÉFECTURE.

1871

ORAISON FUNÈBRE

POLITIQUE

DE M. GAMBETTA

DICTATEUR-GÉNÉRALISSIME

ET DE

SES DIGNES COLLÈGUES DE LA DÉLÉGATION DÉCHUE.

Par Edmond DE ROQUEFEUIL.

VANNES

IMPRIMERIE DE L. GALLES, RUE DE LA PRÉFECTURE.

—

1871.

ORAISON FUNÈBRE

POLITIQUE

DE M. GAMBETTA

DICTATEUR-GÉNÉRALISSIME

ET

DE SES DIGNES COLLÈGUES DE LA DÉLÉGATION DÉCHUE.

I.

Væ victis, malheur aux vaincus, disait jadis et dit encore là ou il règne, le païen au cœur endurci. — Respect au malheur, dit la charité chrétienne. Il n'est point de bon goût d'abuser de la victoire, dit-on simplement, là où cette aimable vertu s'est infusée dans les mœurs et les a transformées sous sa douce influence.

Ayant, grâce à Dieu, une horreur profonde pour le paganisme sous toutes ses formes, surtout quand, ajoutant l'anachronisme à ses autres friperies, il s'habille à la moderne, je ne veux point faire ici une satire qui serait tout-à-fait hors de saison au milieu de nos deuils, mais simplement, me posant au point de vue historique, jeter un coup d'œil rapide sur les actes de l'homme qui vient de jouer un rôle capital et si bruyant dans les terribles événements dont nous sommes les victimes depuis déjà de longs mois, et en même temps sur le parti dont il est en ce moment une des personnifications la plus complète.

Mais pourquoi tant se presser, me dira-t-on, de juger ce personnage aussitôt après sa chute? Trop de précipitation expose à des erreurs de jugement. Rien n'est plus juste, je le sais. Mais il n'est point de règle sans exception, et il me semble pouvoir à bon droit invoquer ici l'exception pour justifier cet écrit.

Il existe sans doute des faits occultes que l'avenir seul pourra révéler à l'histoire, et qui permettront de porter un jugement aussi sain que possible sur toutes les péripéties du drame actuel; mais la connaissance de ces faits n'est évidemment pas indispensable pour juger des actes accomplis en face du pays et dont les conséquences fatales se sont produites presque instantanément. Et quand, par ailleurs, de l'exposé et de l'appréciation de ces actes peuvent sortir des enseignements utiles pour le présent, peut-être encore plus que pour l'avenir, il peut devenir urgent d'en produire sans retard une étude sérieuse.

Telles sont les objections que nous nous sommes faites et les motifs qui nous ont déterminé à prendre la plume.

II.

Nous ne toucherons pas à la vie privée de M. Gambetta; mais seulement, comme nous en avons le droit, à sa vie publique, qui est désormais livrée au scalpel de l'histoire.

Son nom n'était pas encore connu du public quand, il y a environ deux ans, il fit le plaidoyer qui permit d'apprécier son remarquable talent de parole.

A dater de ce moment, on l'entendit pérorer de temps en

temps dans les réunions publiques de Paris, où il fit connaître assez la couleur de son drapeau, pour qu'on le portât à la tête de la liste démagogique de la Seine et aussi sur celle des Bouches-du-Rhône, aux dernières élections de la période impériale. Il triompha dans ces deux départements et vint siéger naturellement à l'extrême gauche de l'Assemblée.

Là il se fit souvent entendre et ne tarda pas, par son éloquence facile et abondante, à acquérir une grande vogue comme orateur de tribune.

On se souvient, entr'autres, de son discours prononcé à la séance du 5 avril 1870, dans la discussion soulevée par l'interpellation de M. Grévy sur le pouvoir constituant : Ce discours fit sensation, et l'on ne se doutait pas que M. Gambetta y prononçait d'avance sa propre condamnation, quand, se posant cette question : « Qu'est-ce l'exercice réel de la » souveraineté nationale ? » Il répondait : « *C'est le droit* » *pour la nation d'avoir la direction et le dernier mot dans* » *toutes les affaires qui l'intéressent,* SI UN POUVOIR QUEL- » CONQUE PEUT TENIR EN ÉCHEC LA VOLONTÉ DU PEUPLE, » LA SOUVERAINETÉ NATIONALE EST VIOLÉE. »

Dans ce discours, comme dans tous les autres qu'il a prononcés sous l'Empire, il n'a jamais manqué une occasion de protester de sa haine contre le pouvoir personnel, et de son amour passionné pour la liberté. Malgré son ardeur, il savait maîtriser sa fougue, montrer une certaine modération dans le langage, et l'on fut excusable de supposer qu'il pouvait y avoir en lui l'étoffe d'un homme politique, tel du moins qu'on peut le concevoir, là où il y a absence complète de principes et de boussole pour s'orienter dans la mer pleine d'écueils de la vie publique, et où l'utopie seule, c'est-à-dire une fausse lumière, bien pire que l'obscurité complète, mène l'individu comme la société dans la voie des aventures à une perte presque certaine.

Il en était là de sa courte, mais déjà bruyante carrière politique, quand l'Empire, vieux corps vermoulu et usé par le détestable usage de toutes les forces qui auraient pu en faire une digue au fleuve de la révolution, si les flots empoisonnés de ce fleuve ne l'avaient pas déjà imprégné de vieille date dans ses origines et condamné à une dissolution presque fatale, quand, dis-je, l'Empire s'effondra dans l'abîme de mépris qu'il avait commencé à se creuser, le jour même où, le 2 décembre 1852, il naquit d'un parjure.

La France était épuisée elle-même par ce règne dont elle n'avait, hélas! que trop partagé les débauches, et comme elle était habituée à se laisser mener par Paris qu'on lui avait toujours montré comme le foyer de la lumière et de la vie dans la civilisation moderne, et où venaient en effet aboutir tous les fils télégraphiques ou autres, qui communiquaient le mouvement à son organisation politique et administrative réduite par la centralisation bureaucratique à l'état de machine, elle, cette pauvre France, tomba naturellement entre les mains des députés de Paris, ses représentants. M. Gambetta en étant, devint un de nos *Souverains*.

Comme nous l'avons dit, dans un petit écrit de date récente, cet aréopage improvisé choisit pour chef, par instinct de conservation, le militaire le plus sympathique à la France et à la ville, le général Trochu, qui, dans un sentiment patriotique, accepta, pour sauver son pays, de présider cette compagnie de maîtres dont les principes et les sentiments étaient, au fond, en complète opposition avec les siens.

Dans ce gouvernement, M. Gambetta ne forma d'abord qu'une unité secondaire; mais Paris ayant été investi et complètement séparé de la province, qui fut confiée aux soins de deux vieillards plus ou moins maniaques, lança un beau jour notre héros en ballon, pour venir au secours de la faiblesse de ses collègues.

Aussitôt arrivé à Tours, le 8 octobre, il absorba à lui seul, par son intelligence, son activité et son amour de la primauté, la totalité du pouvoir, et *nos vieux* devinrent, à dater de ce moment, de véritables machines à signer.

Là, il endossa à lui seul les deux grands ministères de la guerre et de l'intérieur, et devint un vrai dictateur. Aveuglé par une présomption inqualifiable, il ajouta à cette double fonction, déjà écrasante pour lui, celle de généralissime du million d'hommes levés pour s'opposer à l'invasion. (Les classes de 1869, de 1870, un certain nombre de vieux soldats, les marins, les mobiles, les mobilisés et les corps francs.)

Ayant en main tous ces puissants moyens d'action, il poussa avec une activité fiévreuse les préparatifs de défense, et l'on put s'apercevoir promptement d'une différence marquée entre la direction de ses prédécesseurs et la sienne. Aussi tous les journaux officiels ou officieux ne manquèrent-ils pas de lui prodiguer la fumée de leur encens, et même les organes de la presse conservatrice de toutes les nuances, usant d'*une bienveillance encourageante* à son égard, louèrent généralement son activité, et allèrent même jusqu'à admettre en lui un véritable talent d'organisateur.

III.

Mais, hélas! leur généreuse illusion ne fut pas de longue durée. On ne tarda pas à reconnaître qu'il n'avait de l'homme d'État que le talent de concevoir et non celui de savoir exécuter, talent auquel ne purent même suppléer les moyens si faciles d'exécution que fournit notre système centralisateur.

Que fit-il, en effet, de cette armée nombreuse de gardes-nationaux dont il hâta la mobilisation ?

Il laissa s'étioler et périr en grand nombre, dans des camps comme celui de Conlie, sans les armer ni les exercer, ceux précisément qui se trouvaient le plus près de l'ennemi, les mieux disposés à le combattre, et qui auraient pu former une puissante réserve pour les armées en campagne, et ne sut utiliser que pour la parade ceux du midi qui recevaient toutes les armes, gaspillant ainsi, sans aucune utilité pour la défense, les millions que le pays mettait à sa disposition uniquement dans ce but.

Aussi, au bout de près de quatre mois de dictature, ne put-il, sur le million d'hommes dont il disposait, réunir, pour former ses armées du centre, de l'ouest, du nord et de l'est, que quatre cent mille hommes au plus, et encore, dans ce nombre, beaucoup se battaient sans avoir jamais tiré à la cible, avec de mauvais fusils provenant des fonds de magasins anglais ou américains. D'un autre côté, plusieurs fois les munitions manquaient au plus fort de la bataille, et toujours nos malheureuses armées engageaient l'action, plus ou moins épuisées par la faim et le froid, résultat de la légèreté imprévoyante qui présidait au service supérieur des intendances, placé sous la haute direction de notre généralissime. Ces faits sont patents : il suffit, pour s'en convaincre, de causer quelques instants avec les militaires de tout grade, revenant, blessés ou malades, de nos désastreuses campagnes.

N'est-ce pas aussi le fait d'une imagination exubérante et maladive que sa levée en masse décrétée avec tant de bruit et sa création de onze camps, où l'on devait entasser, au milieu de l'hiver, quelques centaines de mille pères de famille, sans doute dans des conditions analogues à celles de Conlie, cet abominable et criminel camp de Conlie, que tous les journaux de la camarilla rouge vantaient comme une conception de génie, et que M. Glais-Bizoin vint *bénir patriarcalement*, comme un bienfait, au son des 21 coups de canon que sa position de *membre essentiel de la famille régnante* lui valurent.

Non, on n'est point un organisateur quand, avec de si puissants moyens, on fait si peu et *surtout si mal.*

IV.

Quant à ses prétentions de généralissime, elles étaient encore plus profondément ridicules chez lui que chez son digne prédécesseur Napoléon III.

Comment en effet, un avocat de 34 ans, quelque talent oratoire qu'on lui suppose, pouvait-il, sans aucune notion possible de l'art militaire, diriger de nombreuses armées, apprécier les forces de l'ennemi et l'importance de telles ou telles positions qu'il occupe, deviner ses intentions les plus probables, et opposer à sa tactique savante une stratégie encore plus habile que la sienne; combiner dans l'unité d'un commandement suprême les mouvements des différentes armées, de manière à les faire toutes concourir au but commun, enfin fournir à ces masses d'hommes en temps opportun, les énormes quantités d'approvisionnements de toutes espèces qui leur sont indispensables, comme les grands capitaines ont toujours su le faire, sans quoi ils n'eussent pas mérité ce titre. Oui, pour qu'une pareille prétention puisse germer dans le cerveau de tout autre que dans celui d'un militaire éprouvé, cela suppose une présomption et un orgueil voisin de la démence, et dépassant même tellement les proportions ordinaires, que l'on serait porté à croire ce que de mauvaises langues disent tout haut, c'est que les habitudes de l'ancien lion de tel café bien connu de Paris, n'ont pas été abandonnées malgré la jouissance du souverain pouvoir; et que l'absinthe a joué un certain rôle dans cette monstruosité dont elle serait la seule excuse.

Aussi qu'est-il arrivé? Inepties sur inepties, désastres sur désastres. Ainsi se résume son généralat et sa dictature militaire.

Pour s'en convaincre, il suffit de jeter un coup-d'œil sur ce triste passé si près de nous encore.

N'est-ce pas une impéritie impardonnable, après la victoire de d'Aurelles à Coulmier, de n'avoir pas su se hâter de masser devant Orléans, ou mieux ailleurs peut-être, tout ce que nous avions de forces disponibles, avant l'arrivée de Metz, qui ne pouvait pas se faire en moins d'un mois, de l'armée de Frédérick-Charles, afin de pouvoir faire une importante tentative contre l'armée prussienne d'investissement, dans le but de débloquer Paris. Cette armée se serait ainsi trouvée entre deux feux, attaquée qu'elle eût été en même temps, au premier bruit du canon du dehors, par Trochu, qui disposait alors déjà d'environ deux cent mille hommes bien armés et suffisamment exercés pour engager une action redoutable contre l'ennemi.

Cette tentative aurait eu évidemment des chances sérieuses de succès; mais au lieu d'essayer ce grand coup qui pouvait seul sauver Paris et peut-être la France, on laissa nos forces disséminées en Normandie, entre le Mans et Chartres, dans le Nord et dans l'Est, sous le prétexte puérile de protéger quelques villes ou positions d'une importance de dixième ordre au point de vue de la défense générale, et l'on ne réunit des forces d'une certaine importance sur le point essentiel, que trop tard, quand Frédérick-Charles était déjà à portée de nous barrer le passage avec sa formidable armée.

Malgré cette faute capitale, tout espoir n'était peut-être pas encore perdu.

Au moyen des pigeons, on communiquait de temps en temps avec Paris. Le bon sens disait qu'aussitôt prêt à l'attaque, il fallait le faire savoir à Trochu qui, au premier vent favorable à la transmission des dépêches aériennes, eût pu, étant prêt aussi de son côté, entreprendre sa grande sortie, et, la nuit précédente, ou mieux l'avant-dernière nuit, envoyer dix ballons, s'il le fallait, l'annoncer à la province, afin qu'immédiatement nos armées du dehors pussent agir de concert avec lui, et obliger l'ennemi à faire face des deux côtés à la fois. Pour exécuter ce plan d'ensemble, il aurait fallu préalablement abandonner les positions devant Orléans, qui étaient, au dire des hommes compétents, une mauvaise base d'opérations, et réunir l'armée de la Loire à l'armée du Mans, pour agir avec elle, appuyée sur l'excellente base d'un pays accidenté et couvert de haies et de bois comme le Perche et surtout le Maine ou la Normandie. Dans ces conditions, et avec ces précautions élémentaires, on eût eu quelques chances de réussite, et, dans le cas de défaite, nous n'aurions pas couru les mêmes risques d'être acculés sur les bords d'un fleuve comme la Loire, ni coupé en deux de manière à rendre bien difficile la prompte réunion des tronçons de notre armée vaincue. Cette armée se serait, en effet, dans ce cas, facilement reformée dans la Mayenne, l'Orne ou l'Eure, et aurait été prête beaucoup plus tôt à recommencer la lutte.

Au lieu de suivre ce plan qu'indiquait le bon sens, il ne se contente pas de maintenir, dans des positions trop éloignées l'une de l'autre pour pouvoir se secourir mutuellement, l'armée du Mans massée du côté de Vendôme, et l'armée de la Loire en avant de la forêt d'Orléans, il expose cette dernière à supporter le choc de l'armée prussienne avant l'annonce de la sortie de Trochu. Cependant le hasard le sert à souhait : un ballon arrive presque miraculeusement se poser sur une pointe avancée de Belle-Ile-en-Mer, annonçant la grande sortie de Paris. Les dépêches disent que l'amiral de La Roncière, commandant à Saint-Denis, s'est emparé du village de l'Espinay.

M. Gambetta, peu fort en géographie, paraît-il, et ayant oublié sans doute de quel côté commandait La Roncière, prend cet Espinay, situé au nord-ouest de Saint-Denis, pour un autre village de même nom, qui se trouve au-delà de Lonjumeau, au sud de Paris, dans la direction d'Orléans, annonce à la France entière, dans une proclamation emphatique, une grande victoire de l'armée de Paris, et donne ordre à d'Aurelles de faire immédiatement un mouvement général en avant pour aller donner la main à Trochu.

- D'Aurelles n'était pas prêt. Le corps d'armée de Crouzat, formant la moitié de son aile droite, n'était pas encore au complet; l'armée du Mans dépassait à peine Vendôme et était trop loin pour pouvoir inquiéter l'aile droite de l'ennemi. Il n'avait pas encore fait le grand mouvement de concentration qui lui eût permis une attaque sérieuse, telle que sa stratégie l'aurait conçue. Enfin, malgré tout, il faut obéir au généralissime Gambetta. Le 1ᵉʳ décembre, d'Aurelles engage une action générale sur tout le front de son armée.

Pendant ce temps, arrive auprès de Savenay un autre ballon, que j'ai vu par hasard, et qui annonce que ce jour-là même il y a eu armistice à Paris pour enterrer les morts, et que les lignes d'investissement n'ont été rompues sur aucun point.

Peu importe, l'action commencée doit continuer. Mais, comme cela devait arriver, notre armée, écrasée par le nombre et la supériorité générale de l'ennemi, voit son centre, commandé par des Pallières, presque anéanti devant et dans Orléans, son aile droite fuir en déroute vers Bourges, Vierzon et la Nièvre, et son aile gauche, subissant le même sort, jusqu'à Mer et Blois, ne parvient à se reformer que grâce à l'appui que peut enfin lui donner l'armée du Mans, qu'elle rejoignit en revenant en partie sur ses pas vers Beaugency, Josnes et Marchenoir.

Voilà une des premières œuvres de M. le Ministre de la guerre et généralissime Gambetta. Ce n'est qu'un commencement. Au lieu de s'opposer au plan des Prussiens d'empêcher les tronçons de notre armée, coupée en deux, de se réunir en les maintenant assez loin l'un de l'autre pour pouvoir masser contre chacun d'eux à son tour ses forces réunies et les écraser successivement, il semble vouloir aider l'ennemi à la réalisation de ce plan habile, en éloignant le plus possible l'un de l'autre ces deux morceaux d'armées.

On sait, hélas! ce qu'il en advint. Frédérick-Charles, faisant sa jonction avec Mecklembourg, dispersa notre malheureuse armée au Mans, en la poursuivant jusqu'à Laval, et l'infortuné Bourbaki, attiré presque sous les murs de Belfort par une feinte retraite de l'ennemi, dut, après trois jours de lutte héroïque, les 15, 16 et 17 janvier, commencer cette lugubre retraite qui a jeté son noble cœur dans un coupable quoique généreux désespoir, et a abouti à la perte presque totale pour la France d'une armée de 150 mille hommes. M. Gambetta a voulu justifier ce désastre, en prétendant que la légèreté du gouvernement de Paris, dans l'acceptation des clauses de l'armistice, en était cause. Vaine justification, car on sait, par les dépêches officielles, que, dès le 20, c'est-à-dire trois jours seulement après le commencement du recul de Bourbaki, un corps prussien, venu du centre par Avallon, s'était emparé de Dôle, avait coupé le chemin de fer de Besançon à Lyon près de Quingey, et déjà compromis la retraite.

Quant à l'armée de Normandie, elle était trop faible pour empêcher la prise de Rouen et de toutes les riches contrées qui l'entourent, et la malheureuse armée de

Faidherbe, n'est-ce pas notre généralissime qui l'a condamnée à un affreux désastre auprès de Saint-Quentin, en ordonnant à son brave et intelligent général de livrer bataille, quand celui-ci savait parfaitement, comme il l'a dit, qu'il n'avait d'autre parti à prendre, en présence des forces supérieures de l'ennemi, que de se retirer en bon ordre sur les forteresses du Nord pour sauver son armée et la conserver à la France.

Cet ensemble de faits prouve avec une évidence éclatante que Gambetta n'avait pas reçu du dieu des armées cette intuition providentielle qui fit Jeanne d'Arc salut de la France et Napoléon Ier sortant de Brienne, fléau en Italie ; mais qu'il a été tout simplement possédé du démon de l'orgueil et aveuglé par toutes les illusions qui en sont en général le cortége nécessaire.

Un génie militaire à sa place aurait pu difficilement triompher ; mais lui, dans son ineptie présomptueuse, a accéléré, multiplié et étendu en tous sens, nos épouvantables désastres. C'est maintenant, pour tout homme sensé, un fait acquis à une des pages peut-être les plus douloureuses de notre histoire nationale.

Non, décidément, notre héros ne s'est montré ni un organisateur même vulgaire, ni un ministre de la guerre passable, ni à plus forte raison un généralissime tant soit peu sérieux.

V.

Que lui accorderez vous donc, me dira-t-on, si vous lui refusez toutes ces qualités? Peu de choses, je dois l'avouer, car on ne voit que trop que le vent sec et glacial de la révolution athée a stérilisé les dons remarquables qu'il avait reçus *de Dieu*.

C'est cependant, il vous faut bien l'avouer, un grand orateur, me diront ceux qui ont conservé encore à son endroit un reste d'illusion? Non, nous lui refusons formellement cette qualification, que vous ne lui accorderez pas vous-même, si vous admettez avec nous que l'orateur doit être avant tout, le *vir bonus* dont parle Cicéron, c'est-à-dire l'homme de cœur, l'homme de devoir, l'homme de dévouement, en un mot tout ce qui constitue la grande et noble figure de l'homme de bien.

Pour mériter ce simple et beau titre d'homme de bien vis-à-vis de la société, il faut avoir fait son possible pour rendre service à ses semblables en toutes circonstances, avoir su sacrifier ses aises, ses goûts, ses plaisirs même les plus légitimes à l'accomplissement rigoureux de ses devoirs envers la famille, la société et envers Dieu qui en est la base et la tête.

Or, où trouve-t-on chez M. Gambetta toutes ces grandes et belles choses?

Nous n'irons point fouiller dans sa vie de famille; nous n'examinerons que sa vie publique, qui seule, répétons-le, appartient pour le moment à l'histoire.

Tâchons donc d'y découvrir un service réel ou une suite de services rendus à la société. Est-ce dans le procès où il fit ce plaidoyer remarquable? Non ; quel est l'avocat le moins recommandable qui n'a plusieurs fois défendu des causes plus ou moins bonnes.

Est-ce dans ces réunions de Paris, où en présence d'une foule d'énergumènes, il a débité ses utopies démagogiques, qui sont d'autant plus dangereuses, que leur hideuse nudité est mieux voilée sous les fleurs brillantes de la rhétorique, ou le vêtement honnête d'une certaine modération dans la forme ?

Est-ce à la tribune de la première Assemblée où il a siégé, et où il employa sa facilité oratoire à saper le gouvernement personnel, les candidatures officielles, en un mot tout le système offensif et défensif du régime impérial?

Oui, me dira-t-on, il était dans le vrai en travaillant à cette œuvre de démolition, et je ne chercherais pas à le nier, si, au milieu de ses coups de béliers, on ne distinguait pas, par une inconséquence vraiment incompréhensible chez un homme de bonne foi, doué de claire vue, une adhésion complète et par conséquent un appui moral, sinon explicite, au moins réel, provenant de l'accord de ses prétendus principes avec ceux de l'Empire, dans toutes les causes qui rendaient *si désirable* et ont amené la chute de ce règne. Je veux parler de ces théories communes à tous les révolutionnaires démagogues ou césariens, qui poussent l'État à l'absorption de toute puissance publique, à la guerre aux libertés privées de religion et d'enseignement pour les monopoliser à son profit, et à donner l'appui le plus absolu à cette monstrueuse politique de non-intervention qui, au mépris de toute notion d'équité, consacre en principe l'écrasement du faible par le fort.

Mais, connaissant la puissance de l'illusion, j'aurais de la peine à ne pas lui savoir gré d'avoir travaillé à la chute de l'Empire, si ensuite, quand il a été maître du pouvoir, il avait témoigné de sa parfaite bonne foi, en cherchant à éviter les fautes, que lui et les siens reprochaient si justement, mais si amèrement, au gouvernement impérial. Hélas! il n'en a été rien. La France, en vertu même des principes de la secte gambettiste demandait, après Sédan ou au moins après Metz, à être consultée, dans des élections aussi générales que possible, pour savoir jusqu'à quel point elle voulait continuer à verser son sang qui avait déjà coulé si abondamment, épuiser ses richesses, et laisser l'ennemi souiller son territoire. MM. Gambetta et Glais-Bizoin ont décidé, dans leur sagesse, que l'honneur de la France, *dont ils ont seuls souci*, veut la guerre à outrance jusqu'à « *complet épuisement,* » sous leur direction civile et militaire, et exactement comme ils l'entendent dans leur sacrosaint patriotisme. Point d'élections, il nous plaît, parce que nous tenons le bout des fils télégraphiques, parce que le gendarme est là au besoin pour vous prouver que nous pouvons dire avec vérité : *ego nominor leo*; il nous plaît... que vous continuiez la guerre, ce sera moi Gambetta votre généralissisme, il vous faut Conlie, les désastres d'Orléans, de Vendôme, du Mans, de Saint-Quentin, du Doubs, la destitution des meilleurs généraux, l'abandon de Paris à ses seules forces, pour qu'à bout de vivres, il soit contraint de se rendre après avoir vu mourir trois à quatre mille hommes par semaine, il faut que vingt-sept départements français soient piétinés sous le talon prussien, il faut que des millions soient gaspillés à acheter tous les fonds de magasins d'armes de l'Amérique et de l'Angleterre, et à payer une nuée de généraux, d'officiers supérieurs de votre fabrique, de brigands garibaldiens et de fonctionnaires de tout genre, vos créatures, pour qu'ils puissent vivre somptueusement *avec vous, à bonne distance des balles ennemies,* etc., etc. Enfin il est nécessaire que la France ait à sa tête, pendant plus de quatre *longs* mois, comme les seuls capables de sauver son honneur, et de la mener au port du salut, l'orateur Gambetta, l'ancien député de Loudéac et de Saint-Brieuc (où on n'en veut plus depuis longtemps), et le vieux juif Crémieux. Vous n'aurez point de chambre, jusqu'à ce que, sous notre haut patronage, la France soit assez éclairée, pour comprendre que nous seuls et nos frères pouvons la conduire à l'Eden, au travers de l'ère de progrès que nous avons su inaugurer, malgré les préventions réactionnaires du grand nombre.

Nous ferons, comme d'autres l'avaient dit avant nous, mais sans succès, *le bonheur du pays malgré lui.* Puis, quand nous l'aurons éduqué, formé à notre belle image, nous le laisserons, arrivé à la virilité, voler de ses propres ailes ; alors, mais alors seulement, refleurira le suffrage universel et le règne des assemblées nommées par le pays régénéré.

Tout cela est bien beau et bien séduisant, sans doute, mais nous sommes entêtés et aveugles, et nous préférons à tout notre petite liberté. L'empire vous disait tout cela aussi, et vous n'étiez pas de son avis. Mais vous êtes inconséquents, et si on ne connaissait pas l'esprit de l'homme qui, lorsqu'il n'est pas guidé par la vraie lumière venue d'en haut, n'est capable que d'enfanter les illusions les plus grossières, résultant des brumes épaisses qui sortent des bas-fonds de la terre et *de beaucoup plus bas encore,* on serait tenté d'attribuer votre manque de logique à de la mauvaise foi.

Non, décidément j'ai beau chercher (et je voudrais que d'autres fussent plus heureux que moi dans leurs recherches), je ne trouve dans les œuvres de M. Gambetta rien qui me démontre qu'il ait jamais, dans sa vie publique, rendu de vrais services à ses semblables, malgré tous les moyens qu'il a eus pour cela à sa disposition.

Il n'a fait, au contraire, que continuer l'œuvre de l'Empire en la conduisant jusqu'à ses dernières conséquences : le régime du despotisme militaire le plus éhonté, l'amoindrissement de la France et l'éclipse complète du pouvoir temporel de l'Église et de son Chef, dont la protection pendant de longs siècles, avec de tristes interruptions sans doute, était l'honneur principal et la sauvegarde de notre cher pays.

Pour être véritablement un homme de bien, un homme d'honneur, il faut aussi avoir horreur du mensonge et dire, sinon toute la vérité, que la prudence ordonne quelquefois de cacher, au moins toute la partie de la vérité qui doit être dite pour ne pas la dénaturer. Eh bien ! trouvons-nous cet amour, ce culte de la vérité dans les dépêches de M. Gambetta ? Est-ce dans ses dépêches de la fin d'octobre où l'on disait que tout allait bien à Metz, que Bazaine refoulait les lignes d'investissement et avait des vivres en abondance pour tenir longtemps encore, et celà la veille de la capitulation ? Est-ce dans celle qui, peu de jours avant la chute de Strasbourg, annonçait que cette malheureuse ville pouvait résister encore plus d'un mois ? Est-ce quand il publie partout à grand bruit une victoire de Paris, lorsqu'il tenait en main des rapports officiels lui faisant connaître un échec contre l'Hay, Chevilly et Choisy-le-Roy, et seulement une vigoureuse sortie contre Champigny, Montmesly, etc., où

Ducrot ne put pas dépasser la ligne protégée par le feu de nos forts et fut ensuite obligé de repasser la Marne. Est-ce quand, après le désastre d'Orléans, il annonce que « l'armée est intacte, » alors que l'ennemi fit quinze mille prisonniers et que cette pauvre armée, coupée en deux, dut se retirer en déroute vers Mer d'un côté et Bourges de l'autre? Est-ce quand il vient nous dire que d'Aurelles pouvait facilement, s'il avait bien su s'y prendre, conserver sa position devant Orléans?

A-t-il été véridique quand il a voulu couvrir de boue la population honnête de Rouen pour ne s'être pas défendue, lorsque le général Briant jugeait à propos de se retirer, considérant la position comme intenable, même avec le secours de son armée. L'a-t-il été, le jour où répétant la malheureuse dépêche de Chanzy, écrite sans doute dans un moment de désespoir, facile à comprendre chez un homme de cœur, il prétendit que la perte de la bataille du Mans était due à la défection de quelques bataillons de mobilisés bretons récemment sortis de Conlie, et qu'il savait parfaitement n'être ni exercés, ni convenablement armés. Non, évidemment, dans toutes ces dépêches la vérité a été plus ou moins altérée; mais tout cela est assez excusable surtout pour un homme qui a la conscience large, parce qu'on peut supposer que tous ces accrocs à la vérité avaient pour but de rassurer le pays en atténuant à ses yeux la gravité de ses désastres. Aussi se sentirait-on porté à les lui pardonner, dans de certaines limites, si d'autres dépêches n'étaient pas là pour montrer chez lui un manque de respect habituel pour la vérité. En effet, comment expliquer ces dépêches menteuses adressées à Paris, faussant complètement le véritable état des choses en province? Ne s'exposait-il pas, ainsi à pousser Paris aux sorties les plus folles, et à faire périr inutilement des milliers et des milliers d'existences précieuses pour leur famille et pour le retour possible de la prospérité du pays. Et ces dernières dépêches qui ont dignement couronné la fin de sa dictature, peut-on y voir autre chose que le mensonge dicté par l'intérêt personnel le plus éhonté. Quoi! depuis quatre jours M. Jules Simon puis M. Lavertujon sont arrivés de Paris à Bordeaux, et parce que vous voulez rester les maîtres absolus, vous adressez à la France des proclamations et des dépêches, qui laissent supposer que vous n'avez reçu que le télégramme de M. de Bismark annonçant la conclusion de l'armistice? Est-il possible de commettre un attentat plus grave contre la vérité? Non, décidément M. Gambetta ne connaît point cette vertu.

Est-ce au moins un homme de cœur? Si avec ce que nous avons démontré lui manquer il était possible de l'être, qui sait s'il ne pourrait encore prétendre à la véritable éloquence? Un homme de cœur est un homme qui a la passion du bien, et qui sait sacrifier au besoin son bien propre pour procurer celui de son frère. Voyons-nous cela dans la vie politique de M. Gambetta? Hélas! non; il ne connaît pas le sacrifice; s'il l'avait seulement pressenti, il n'aurait occupé ni le poste de ministre de la guerre ni celui de généralissime, les laissant à de plus capables que lui, bien faciles à trouver, malgré l'internement en Allemagne d'un très grand nombre de nos généraux; il a manqué là une belle occasion de sacrifier son ambition à l'intérêt du pays, qui voulait là à tout prix un homme de guerre.

Avait-il du cœur lorsque, aussitôt après la chute de Metz, sans avoir encore reçu de nouvelles certaines pouvant lui faire connaître le véritable état de la situation, il voulut

flétrir non-seulement Bazaine et quelques autres chefs supérieurs dont je ne me ferai pas l'avocat, mais tous les
chefs de l'armée française, au risque de les faire pas-
ser pour des traîtres, eux et tous ceux qui avaient servi
sous l'Empire, et qui pouvaient encore commander des
armées en campagne, et cela au risque de leur ôter entiè-
rement à comme cela a eu lieu beaucoup trop, hélas! la
confiance de leurs soldats, confiance nécessaire, si on
ne veut pas condamner son armée à une perte certaine.

Où était son cœur, le jour où d'Aurelles, qui avait eu
l'honneur de la première et peut-être seule vraie victoire
de cette malheureuse guerre, vaincu à Orléans par la faute
de Gambetta, entendit annoncer à la France entière que
c'était lui, d'Aurelles, qui devait assumer toute la respon-
sabilité de cette défaite, et reçut sa destitution dans les
circonstances les plus pénibles pour lui et les plus désastreuses pour l'armée en retraite. Et que penser de cette
détestable proclamation où, en réponse à l'annonce adressée
par les nobles défenseurs de Paris d'un armistice rendu
nécessaire, parce que toute tentative pour débloquer la
ville est désormais inutile, et qu'il reste à peine la quan-
tité de vivres strictement nécessaire pour pouvoir attendre
le ravitaillement sans condamner à mourir de faim une population de deux millions d'âmes, où, dis-je, Gambetta
taxe de *coupable légèreté* un acte commandé par la plus
inexorable nécessité? Quoi! près de cinq mois de jeûnes les
plus rigoureux et de privations de toutes espèces, des
milliers de familles, plongées dans le deuil par suite de ces
privations et de ces souffrances, ou par le fer meurtrier de
l'ennemi et même la congélation, l'héroïsme de la défense
et le talent supérieur du chef illustre qui avait rendu Paris
inexpugnable, tout cela doit être passé sous silence, il faut

à tout prix avilir le gouvernement de Paris pour le rendre impopulaire, le faire haïr, si c'était possible, pour conserver le pouvoir sous le prétexte d'un fallacieux patriotisme, vociférant la guerre *jusqu'à complet épuisement.*

Non décidément, M. Gambetta, si vous avez du cœur, on se demande ce que vous en avez fait quand vous avez agi de la sorte. Je ne trouve donc en vous aucune des qualités qui, d'après Cicéron (et il s'y entendait) font le grand orateur. Vous aviez peut-être naturellement ces qualités, mais il ne vous en reste que l'intelligence plus ou moins obscurcie et l'imagination exubérante. C'est trop peu pour que je vous admire.

VI.

Aussi, je commence à me lasser dans votre compagnie; il me reste cependant encore à vous dire un mot qui me semble avoir une certaine importance pour vous, si vous êtes capable de vous corriger, et en tout cas pour ceux qui tenteraient de vous imiter.

Vous avez, autant que personne, bafoué l'Empire, *que je hais, je crois, au fond, plus que vous,* parce que mes principes sont, beaucoup plus que les vôtres, en contradiction absolue avec ses utopies. Eh bien! laissez-moi vous le dire, je trouve que vous avez eu tort, au point de vue de votre intérêt personnel et de celui du parti qui vous a choisi et serait tenté de vous reprendre pour chef du pouvoir exécutif. Je ne me servirai pas de la locution vulgaire bien connue qui exprimerait le mieux ma pensée; mais je dirai que tout ce que vous lui avez reproché, vous vous en êtes rendu coupable vous-même, *et avec exagération;* aussi, que vous le vouliez ou non, avez-vous passé et passerez-vous dans l'histoire par les mêmes ignominies et les mêmes flétrissures.

Oui, vous avez mis la main, vous et surtout vos frères de la démagogie, dans tous les forfaits de l'Empire. Vous avez approuvé sinon l'acte au moins le but d'Orsini, et vous avez appuyé chaudement l'Empire en tant et aussitôt qu'il s'est fait l'exécuteur testamentaire de ce scélérat et par suite l'esclave de la révolution. Vous et les vôtres vous avez poussé à la guerre d'Italie et aux grandes iniquités qui en ont été la suite. Or, n'est-ce pas cette guerre, osez le nier, si vous êtes de bonne foi, qui est la cause première et presque directe des affreux désastres dont nous sommes écrasés? Jamais la Prusse n'eût songé, en effet, à absorber l'Allemagne, au moins de sitôt, si elle n'avait su qu'elle pouvait compter sur les convoitises inassouvies de l'Italie, pour l'aider à substituer avec usure sa prépondérance à celle de l'Autriche, déjà affaiblie par la perte de la Lombardie. Qui plus est, refusant d'écouter la haute sagesse de M. Thiers, vous avez, vous et les vôtres (auxquels vous êtes trop identifié pour pouvoir vous en séparer même avant que votre rôle politique n'eût commencé), vous avez, dis-je, aidé l'Empire dans sa désastreuse et injuste politique de non-intervention en l'encourageant à laisser la Prusse imposer ses conditions iniques aux vaincus d'alors.

Ce n'est pas tout, l'Empire poussait à la centralisation excessive qui devait tuer ou atrophier, au moins à la longue, les forces vives du pays, et le condamner à une décadence certaine et à une situation d'infériorité, même militaire, vis-à-vis des pays voisins, où la conservation dans de certaines limites d'une hiérarchie sociale, oppose une digue salutaire aux empiétements naturels du pouvoir personnel et central, et maintient ainsi, grâces à plus de liberté, la nation à un niveau plus élevé dans la force et la vie. Vous aussi et les vôtres, vous l'avez appuyé dans l'avancement de cette œuvre destructive. Vous aimez les gros budgets, les armées innombrables de fonctionnaires. Vous faisiez parade d'un certain amour de ces libertés secondaires de la presse et de réunion que vous entendiez dans le sens de l'abus, c'est-à-dire de la licence, et dont vous avez fait bon marché depuis que vous êtes au pouvoir; mais en revanche vous haïssiez la liberté primordiale et essentielle du père de famille d'élever son fils là où il sait qu'il ne sera pas empoisonné par vos détestables utopies, qui ne sont rien moins que le hideux athéisme. Vous professiez la théorie de la liberté des cultes, mais en même temps vous pratiquiez l'oppression du catholicisme en voulant supprimer le budget du clergé, qui ne représente qu'un très faible intérêt de la valeur de ses biens volés par l'État, et n'est qu'une restitution très inférieure à celle qu'exigerait l'équité, d'après les principes du droit naturel. Bien plus, vous rêviez la destruction du catholicisme, la seule religion qui vous tienne sérieusement à cœur, en abattant sa tête et sapant du même coup sa base à Rome. Vous êtes même arrivé à vos fins autant que l'homme peut attenter à l'œuvre indestructible de Dieu. Vos amis d'Italie se sont empressés, aussitôt que vous avez eu le pouvoir en main, de dépouiller le Vicaire de Jésus-Christ des quelques lambeaux d'État que l'Empire lui avait laissés posséder (1), parce qu'ils savaient

(1) Personne n'ignore que c'est sous la pression de l'opinion démagogique que l'Empire qui, dans sa prudence satanique, n'eût peut-être pas encore trouvé le moment tout-à-fait opportun, a retiré ses troupes de Rome, et que cependant les Piémontais n'ont osé consommer leur œuvre que quand la démagogie eut commencé à régner non-seulement de fait mais de nom à dater du 4 septembre.

parfaitement qu'ils auraient la complète approbation que vous n'avez pas manqué de leur donner officiellement. En un mot, *vous n'avez été que les dignes continuateurs et imitateurs progressistes de l'Empire* que vous semblez répudier. Il a toujours fait votre œuvre mieux que vous n'auriez su la faire, parce qu'il possédait une prudence humaine et satanique qui vous est refusée. Qui plus est, vous avez fait tout ce que vous lui avez reproché le plus. Vous lui faisiez un crime de ses candidatures officielles et vous avez agi de même, mais plus cyniquement, en remplaçant l'élection par la nomination officielle de vos créatures. La liberté de la presse était un de vos dadas chéris, et vous avez supprimé sans jugement, ou suspendu plusieurs journaux qui se permettaient de vous dire quelques vérités. Vous avez supprimé des assemblées électives, commis, par un décret récent, un attentat des plus graves contre l'inamovibilité des magistrats etc., etc.; en un mot, vous, les plus bruyants avocats de la liberté sous l'Empire, vous aurez pratiqué, tant que vous l'avez pu, la dictature la plus éhontée que la France ait jamais subie, en dehors de l'époque des massacres de la première révolution. Oui, vous avez encouragé l'Empire dans toutes ses actions mauvaises, et quand vous avez été les maîtres, vous avez continué son œuvre destructive en l'aggravant autant que vous l'avez pu.

Aussi, n'en doutez pas, vous avez passé, je vous le répète et vous passerez encore par les mêmes ignominies et les mêmes flétrissures. Les mêmes causes ont produit et produiront les mêmes effets, et en outre des causes naturelles, il y a l'action surnaturelle de Dieu que vous méconnaissez et dont vous avez affecté de ne pas prononcer le nom dans vos proclamations les plus solennelles, qui se fera sentir sur vous comme sur cet ignoble règne.

Le *quos vult perdere Deus dementat* a eu déjà et aura son application la plus large sur vous comme sur lui. Vous avez porté ou laissé porter la main sur le vicaire du Christ, eh bien! ainsi que le prévoyait prophétiquement il y a deux ans pour l'Empire l'abbé Margotti dans un journal italien, vous avez eu comme ce règne, votre journée incompréhensible où la main de Dieu s'est appesantie sur vous en vous aveuglant.

L'Empire a eu cette journée dans les désastres de Wissembourg, Reichoffen, Forbach, Sédan et Metz, et dans la honte de voir son chef se constituer prisonnier en lâche *sans oser affronter la mort volontairement*; eh bien! vous avez eu une journée non moins terrible dans les désastres d'Orléans, de Vendôme, du Mans, de Saint-Quentin, de l'Est et la chute de Paris, que votre ineptie a rendue inévitable. Encore plus présomptueux sinon plus inepte que le misérable Empereur, vous avez assumé sur votre tête les rôles de généralissime et de ministre de la guerre, qu'il se partageait avec le maréchal Le Bœuf, et plus lâche que lui, si c'est possible, vous ne vous êtes pas exposé même à la *possibilité* de la mort par le feu ennemi, mais vous vous êtes toujours tenu à bonne distance des obus prussiens.

Vous aviez déclaré hautement, dans une emphatique proclamation, que « *tant qu'il resterait un pouce de sol français sous la semelle de vos souliers* » vous ne capituleriez pas. Eh bien! vous avez honteusement capitulé, non pas devant Guillaume de Prusse et ses hordes puissantes, mais devant M. Jules Simon et quelques gendarmes, quand vous avez su que la majeure partie de la population même de Bordeaux, l'armée et plusieurs de vos préfets aimaient mieux obéir au gouvernement de Paris qu'à vous ses délégués.

Ce n'est pas tout, l'Empire, après ses désastres et ses hontes aurait eu assez peu de sens moral pour oser remonter sur un trône qu'il avait si profondément souillé; mais probablement ce dernier sceau de l'ignominie lui sera épargné, peut-être à cause de Mentana, dont il n'a été cependant que le témoin, et parce qu'il n'avait pas complètement achevé l'œuvre d'iniquité commencée contre Rome (1).

Mais vous, qui avez mis la dernière main à ce crime abominable, vous aurez aussi un degré de plus dans le châtiment et la honte. Il va vous être donné, de par la population algérienne, ramassis du rebut de la plèbe d'Espagne, de Sicile, de Malte et du sud de la France, sans compter les Juifs et les Mahométans, et peut-être aussi par cette partie de la population de Paris que vous vous révoltiez en l'entendant appeler de son vrai nom, la populace, par Bismark; il va vous être donné, dis-je, d'accepter encore, sinon tout le pouvoir, Dieu nous en préserve à jamais, mais au moins une parcelle assez grande, si toutefois vous savez vous en contenter, pour que vous puissiez montrer à la France et au monde combien bas peut descendre, dans l'absence de sens moral, un révolutionnaire athée, quelque brillamment doué qu'il ait pu être naturellement et (ici, je m'adresse encore plus peut-être aux autres chefs de votre parti qu'à vous personnellement qui êtes jeune), devenir, avec Napoléon III, un exemple effrayant à ajouter à tant

---

(1) Dieu, souverainement juste dans le mode et l'opportunité de ses châtiments, inflige généralement ses punitions temporelles *les plus visibles*, *à titre d'exemple*, aux criminels les plus scandaleux, et retarde souvent jusqu'à l'autre vie *l'heure terrible* de l'accomplissement de sa justice pour ceux qui, ayant su cacher leurs forfaits sous le masque de l'hypocrisie, seraient moins coupables aux regards bornés des hommes et beaucoup plus peut-être aux regards pénétrants de son infinie clairvoyance.

d'autres de cette vérité d'observation, d'après laquelle quiconque, prince ou chef, ose porter atteinte aux droits du Souverain Pontife ou l'outrager hors mesure, « doit s'attendre, » comme l'a dit un des plus grands penseurs de ce siècle, « à des châtiments temporels et visibles, règne « court (1), désastres humiliants, mauvais renom pendant « sa vie, mémoire flétrie après sa mort. »

Coëthuan, le 18 Février 1871.

-----

(1) On peut objecter que cette espèce de prédiction ne s'est pas réalisée sous le rapport de la brièveté du règne pour Victor-Emmanuel, dont le gouvernement a plongé les mains dans le sang des défenseurs de la papauté et commis lui-même la grande iniquité. C'est vrai, si l'on prétend que ce malheureux règne encore, mais tout le monde sait qu'il n'est plus depuis longtemps comme roi qu'un pauvre soliveau vermoulu.